13e *PUBLICATION DU POPULAIRE.*

PROCÈS

DU JOURNAL RÉPUBLICAIN

LE PATRIOTE DE LA CÔTE-D'OR,

ET DE L'ASSOCIATION DIJONAISE

CONTRE

LES IMPOTS ANTI-POPULAIRES SUR LES BOISSONS
ET SUR LE SEL,

Acquittés à l'unanimité par la Cour d'assises
de Dijon.

In-8 de 40 pages. — PRIX . 5 SOUS.

AU BUREAU DU POPULAIRE,

25, RUE NEUVE SAINT-AUGUSTIN.

1833.

PROCÈS

DU

JOURNAL RÉPUBLICAIN

LE PATRIOTE DE LA CÔTE-D'OR,

ET

DE L'ASSOCIATION DIJONNAISE

CONTRE

LES IMPOTS ANTI-POPULAIRES

SUR LES BOISSONS ET SUR LE SEL,

ACQUITTÉS A L'UNANIMITÉ

PAR LA COUR D'ASSISES DE DIJON.

FAITS PRELIMINAIRES. — ACTE D'ASSOCIATION.

Le 13 août, des citoyens, irrités de voir le Gouvernement s'obstiner à vouloir non seulement conserver, mais augmenter même les impôts sur les boissons et sur le sel, *s'associent*, à Dijon, contre ces odieux impôts, et invitent tous les départemens à s'associer avec le département de la Côte-d'Or. *Voici cet acte :*

ASSOCIATION CONTRE L'IMPOT

SUR LES BOISSONS ET SUR LE SEL,

A voir le système d'impôts qui pèse sur la France, il semblerait que nos révolutions n'ont proclamé aucun principe, que la science économique n'a résolu aucune question.

L'égalité des charges, les lois de la production, les conditions de la richesse publique et du bien-être individuel, tout disparaît devant les iniquités et le mauvais génie du fisc. C'est le pauvre qu'il pressure, c'est le travail qu'il paralyse ; le moindre vice du budget est dans son énormité.

Mais entre tous les impôts, il en est un qui, plus qu'aucun autre, frappe le pauvre, le travail, l'agriculture, le commerce ; c'est celui dont le seul nom en dit plus que tous les raisonnemens, qui, sous le titre de *Droits réunis, tua la popularité de l'Empereur*, et qui, sous le titre de *Contributions indirectes*, remplace dans la haine des masses la dîme et les droits féodaux.

La taxe sur les boissons et sur le sel est particulièrement odieuse au peuple : il supporte patiemment toutes les privations, toutes les charges ; mais cette taxe a toujours lassé sa résignation, et, parmi les fléaux qu'il subit encore, elle est le seul peut-être que l'habitude n'ait jamais rendu plus tolérable.

Cet impôt sur les boissons et sur le sel devient au contraire plus odieux chaque jour. Au milieu de toutes les divisions qui règnent en France, il y a contre lui une réprobation *unanime ;* personne ne peut le supporter, personne n'ose le défendre ; et c'est à peine si les plus dévoués ministériels se hasardent à plaider pour lui.

Ce soulèvement de tous les intérêts, de toutes les opinions, de toutes les époques, n'est pourtant pas la mesure du mal que l'impôt indirect a produit ; il est encore *plus nuisible qu'il n'est détesté :* les masses n'apprécient qu'imparfaitement le préjudice qu'il leur cause.

C'est aux yeux de l'homme instruit surtout que ce préjudice est incalculable ; et quand on examine ce que la taxe sur les boissons et sur le sel a opéré d'effets désastreux par rapport à notre *agriculture* et à notre *commerce*, on ne craint pas de dire qu'après l'invasion et les traités de 1815, cette taxe a été l'agent le plus actif du mal profond qui neutralise toutes les ressources de notre pays.

Cependant le gouvernement est loin de vouloir alléger le fardeau des contributions indirectes : la pensée hautement manifestée par le ministre des finances actuel est au contraire *qu'il faut l'accroître.* S'il n'a pu exécuter ce projet dans la dernière session, il n'a pas renoncé à le reproduire dans la session prochaine ; la chambre ne sera pas dissoute ; et *cette chambre* ne garantit *d'autre intérêt que celui du fisc.*

Il ne faut donc attendre ni du gouvernement ni *des prétendus représentans du pays* un allégement aux charges publiques, et notamment à celles qui pèsent sur le prolétaire ; tout indique au contraire qu'elles seront *augmentées ;* car la science financière actuelle consiste à faire que celui-là paie d'avantage qui possède moins.

On ne peut attendre non plus de l'action de la *presse* le redressement des iniquités fiscales : cette action s'exerce sur trop de questions à la fois, et, contre l'impôt indirect, il ne faut rien moins qu'une force qui s'emploie tout entière à en délivrer le pays

Cette force, on ne peut la trouver que dans une *association spéciale*. C'est un moyen dont la puissance frappe tous les esprits, surmonte tous les obstacles, c'est celui auquel les citoyens soussignés ont résolu de recourir, et qu'ils appellent tous les intéressés à pratiquer avec eux.

L'association, telle qu'ils l'ont conçue, agira d'abord par la voie des *pétitions* collectives, par la *publicité* donnée à tout ce qui peut faire ressortir l'*injustice* et les *funestes effets* de la taxe sur le sel et sur les boissons ; l'association établira des *enquêtes*, publiera des *mémoires* propres à ne laisser *aucun doute* sur la nécessité de l'*abolition* de cette taxe : elle fournira la *preuve* que les besoins de l'état *n'en souffriraient point ;* et elle comprendra dans ses travaux l'*exposé des ressources* qui mettraient le trésor public à l'abri d'*un déficit*, prétexte toujours invoqué par la mauvaise foi fiscale.

L'association *soutiendra ses membres* dans leurs contestations avec l'administration des contributions indirectes : bref, elle emploiera tous les moyens propres à faire *prédominer* enfin le *légitime intérêt* des contribuables, et elle trouvera *dans l'ensemble* des *réclamations* et des *efforts* une *première* condition de succès.

Que *si* ces moyens venaient à échouer, *si* le fisc repoussait des tentatives dirigées dans un esprit de justice et d'intérêt général, l'association *aviserait* alors à tirer parti de son existence *pour* ORGANISER le *refus* de l'impôt *sur le sel* et *sur les boissons*. La seule *possibilité de ce refus* ne sera pas la moindre des causes qui pourront *amener* le pouvoir à *accueillir* enfin de justes réclamations.

Les citoyens soussignés s'occuperont sans relâche de *propager l'association* partout où elle pourra rallier des forces et rendre des services. Il était naturel qu'elle s'établît d'abord dans la capitale d'un département où l'impôt indirect exerce tant de ravages ; elle s'étendra rapidement, et ne saurait tarder à atteindre le but qu'elle se propose.

Les soussignés ont pensé qu'ils ne devaient pas différer à entreprendre cette œuvre populaire. L'époque prochaine de la récolte des vignes est celle où les contribuables ont le plus à souffrir des exigeances et des vexations du fisc : c'est donc le moment pour chaque intéressé de venir chercher dans une association l'appui qu'elle seule peut lui fournir.

En conséquence, les soussignés ont arrêté les status réglementaires suivans :

Art. 1er — Il est formé, entre les signataires du présent réglement et ceux qui y adhèreront par la suite, une association *pour l'abolition de l'impôt* sur les boissons et sur le sel.

Art. 2. — Cette association sera organisée *par départemens;* elle sera régie dans chaque département par un *comité central* et des *comités cantonnaux.*

Les départemens correspondront entre eux par l'intermédiaire d'un *comité général institué à Paris.*

Art. 3. — Pour la PREMIÈRE ANNÉE, le comité général demeure composé des *membres du comité de l'association de la presse existant à Paris.*

Pour le même espace de temps, le comité central de chaque département sera nommé par le comité général, et les comités cantonnaux seront choisis par le comité central du département dont ils dépendent.

Art. 4. — Par dérogation à l'article précédent, le comité central du département de la Côte-d'Or sera composé, pour la première fois, des citoyens : *Bizot* père, négociant; *Boussey* père, négociant; *Bresson* fils, négociant; *Cabet* (Louis), négociant; *Carnet-Rogué,* aubergiste; *Chaignet,* aubergiste; *Chambraut,* propriétaire; *Chollet,* négociant; *Dechaux,* propriétaire; *Devanne,* négociant; *Fremyet,* négociant; *Gacon,* avocat; James *Demontry,* propriétaire; *Jouan* aîné, négociant; *Jouan* cadet, négociant; *Mathieu Meurgey,* négociant; *Millière-Colombat,* négociant; *Monnet,* propriétaire; *Petitjean,* négociant; *Régnault,* brasseur; *Thibault,* propriétaire; et *Vaspard,* négociant; tous domiciliés à Dijon.

Art. 5. — A l'avenir, chaque comité central et cantonnal sera nommé par les associés de son ressort, convoqués en assemblée générale à la majorité relative des suffrages.

Quant au comité général, il se composera d'autant de membres qu'il y aura de comités centraux, chacun de ces derniers devant en nommer un.

Art. 6. — Pour couvrir les dépenses de l'association, chaque associé sera tenu à une *cotisation* mensuelle laissée à sa disposition, mais qui ne pourra néanmoins être moindre de *vingt centimes.*

Art. 7. — L'organisation intérieure des comités, leurs rapports entre eux et avec les associés, l'époque des assemblées générales, etc., etc., seront déterminés incessamment par une circulaire du comité général.

Fait et arrêté à Dijon, le 13 août 1833.

Les vingt-deux citoyens qui composent la commission sont des propriétaires, des vignerons, des négocians, pris dans toutes les nuances d'opinions politiques.

Le 12 septembre, *le Patriote de la Côte-d'Or* publie, sans aucune réflexion, cet acte d'association.

Deux jours après, le procureur-général requiert la saisie du journal et de la liste des associés.

M. PETIT, substitut du procureur du roi, chargé de la saisie, donne sa démission.

Le journal est saisi ; mais la liste n'est pas trouvée, ou plutôt on ne veut pas la trouver, ni poursuivre les associés, qui ne se cachent pas et qui sont bien connus.

Le procureur-général, invoquant une loi de la restauration, celle du 17 mai 1819, prétend que l'association a pour but unique le *refus de l'impôt*, et que, en publiant ses statuts, le *Patriote de la Côte-d'Or* a commis un délit, celui de *provocation actuelle à la désobéissance à la loi* sur l'impôt.

Sur sa demande, le tribunal et la cour royale l'autorisent à poursuivre le *Patriote* devant la cour d'assises.

C'est lui-même, procureur-général, député du Jura, parlant pour la première fois, qui soutiendra l'accusation ; et c'est un député de la Côte-d'Or, ex-procureur-général destitué, qui viendra repousser ses attaques : c'est d'ailleurs le premier procès intenté dans le département à la presse républicaine, et ce sont les questions politiques les plus brûlantes qui vont être l'objet des débats : la curiosité est donc vivement excitée.

PROCÈS.

Audience du 30 novembre 1833. — Présidence de M. Muteau.

Une foule immense de citoyens et de fonctionnaires, pressés jusques derrière les juges, les jurés et l'accusé, remplissent toutes les parties de la cour d'assises (autrefois grand-chambre du parlement de Bourgogne), la vaste salle des Pas-Perdus qui la précède, et toutes les pièces environnantes.

Un déploîment inaccoutumé de forces militaires annonce que de vives inquiétudes préoccupent l'autorité, et qu'il s'agit d'une de ces causes extraordinaires qui intéressent et remuent la population toute entière.

La cour d'assises est en séance.

Le président tire publiquement au sort les noms déposés dans l'urne judiciaire.

On croit que le procureur-général ne récusera personne ; mais il exerce plusieurs fois son droit de récusation : l'accusé l'exerce aussi. Douze jurés prêtent serment, et prennent place sur le banc du jury.

Le greffier donne lecture de l'arrêt d'accusation, et lit ensuite l'article incriminé, c'est-à-dire l'acte ci-dessus d'association ; puis le procureur-général a la parole.

Il soutient que l'association et le journal sont les organes de la *faction républicaine* ; que cette faction exploite les passions populaires, et qu'il s'agit, dans la cause, d'une question d'*ordre social*, d'une question de *renversement* ou de *conservation du gouvernement actuel*.

Le rédacteur du *Patriote de la Côte-d'Or* s'attache à repousser l'accusation de *faction*, en justifiant les doctrines républicaines du journal. Il s'exprime en ces termes :

DISCOURS DE M. J. PAUTET, RÉDACTEUR DU PATRIOTE.

MESSIEURS LES JURÉS ,

« Quand le respectable gérant du *Patriote de la Côte-d'Or* est cité par devant vous pour avoir à répondre sur un article que le pouvoir a considéré comme attentoire aux lois de l'état, il est de notre devoir , à nous qui depuis plus d'une année avons accepté l'honorable mission de diriger une feuille indépendante , de revendiquer aussi notre part de responsabilité.

» L'œuvre à laquelle nous nous sommes voués est une œuvre de conscience et de conviction, et nous vous devons des explications sur les motifs qui nous ont engagés à publier l'acte d'association contre les impôts sur les boissons et sur le sel. D'abord nous avons approuvé cet acte dans son entier, et nous avons pensé que plus il recevrait de publicité plus il contribuerait à mettre dans tout son jour l'immoralité et l'injustice de taxes qui sont sorties de toutes les conditions qui font les bons impôts, c'est-à-dire protéger tous les intérêts et peser également sur tous les citoyens dans la proportion de leur fortune.

» Or, les impôts sur les boissons et sur le sel sont chaque jour la cause de funestes collisions , et leur assiette est injuste en ce qu'ils frappent le pauvre plus que le riche. L'acte d'association signale cette injustice, mais avec des expressions si modérées qu'on s'étonne de le voir poursuivi. Aussi, messieurs, c'est moins cet acte que le pouvoir a voulu attaquer que le *Patriote de la Côte-d'Or* lui-même.

» Oui, messieurs; nos principes progressifs, populaires , nationaux, déplaisent au pouvoir ; il a voulu frapper la feuille qui a pour mission de les formuler et de les propager. Aussi, nous n'avons pas dû hésiter un instant à venir devant vous exposer ces principes, qui ne demandent qu'à être compris pour exciter la sympathie et déjouer la calomnie.

» Nous ne nous occuperons pas de la criminalité de l'article pour lequel nous paraissons devant vous; une voix plus éloquente que la nôtre nous prêtera son appui ; l'honorable député de la Côte-d'Or , M. Cabet, qui a déjà donné tant de gages à la cause populaire, a bien voulu venir embrasser ici la défense de la presse et de l'association.

» Nous, messieurs, nous nous livrerons aux développemens de quelques-unes des théories qui sont la base de la rédaction de la feuille attaquée par le pouvoir ; nous vous dirons deux mots sur un présent fécond en orages; et nous vous montrerons , dans un lointain qui n'est peut-être pas fort *profond*, l'avenir que nous concevons. Ne craignez pas, messieurs, que nos paroles soient irritantes et passionnées : nous vous déclarons d'abord que nous sommes sans haine; car préoccupés des principes, nous n'en voulons pas aux hommes ; nous savons que chaque époque à sa mission et ses enseignemens. L'édifice social dont nos pères ont jeté les fondemens ne s'élève que pierre à pierre, et il n'est plus possible à de nouveaux barbares de détruire déjà la base posée par l'immortelle révolution de 89. Il n'y a plus de pas rétrogrades dans la marche de la civilisation, il y a seulement des temps d'arrêt.

» La société, trop tiraillée par les hommes du *statu quo*, barbares des temps modernes, brise les liens qui la retiennent; elle marche au bien-être en vertu de la loi de la perfectibilité humaine que personne ne méconnait; les hommes arriérés tombent et sont brisés; leur chute est un enseignement; pourquoi leur en vouloir? leurs erreurs sont utiles à la cause du progrès. Si ces hommes qui se croient la mission de régénérer la société étaient abandonnés à eux-mêmes sans contradiction, ils la transformeraient en un chaos immense, parcequ'ils partent d'un principe faux, *l'absolutisme* plus ou moins bien déguisé.

» Jetons un coup-d'œil sur cette France telle qu'elle est sous leurs mains de plomb. Cent soixante mille citoyens sur plus de huit millions de français actifs jouissent des droits politiques : il s'ensuit que les lois sont faites dans l'intérêt de quelques-uns au préjudice du plus grand nombre. C'est la propriété foncière qui stipule presque seule, comme si elle était seule digne d'avoir des droits : alors l'intérêt des industriels est froissé, et les travailleurs sont exploités par les chefs d'industrie selon le caprice et la cupidité de ceux-ci.

» Les classes laborieuses, sans qu'il y ait toujours intention de les sacrifier, sont toujours par le fait victimes des lois votées par ceux qui les exploitent.

» Et cependant les classes laborieuses font la force et la richesse de la nation.

» Les classes laborieuses créent les produits qui enrichissent la patrie et ne peuvent user de ces produits.

» Les classes laborieuses peuplent nos ateliers où se fabriquent les étoffes de tout genre et sont mal vêtues.

» Les classes laborieuses arrosent de leur sueur les sillons de nos champs et sont mal nourries. Elles construisent nos maisons et sont à peine abritées.

» Et cependant ce sont elles qui courent à la frontière quand elle est menacée, elles qui versent leur sang sur le champ de bataille pour protéger ceux qui les méprisent.

» A elles les souffrances, la misère; à elles le malheur. Mais le malheur silencieux, calme, soumis; car s'il est impatient et s'il se plaint, on lui répond par la mitraille; chaque plainte est un forfait, chaque larme est un crime; la mitraille aux ouvriers de Paris, la mitraille aux ouvriers de Lyon, la mitraille aux travailleurs des catacombes d'Anzin; car voyez-vous ,c'est la panacée universelle pour guérir les souffrances du prolétaire ; c'est une économie popolitique toute draconienne dont l'école de peloton est la préface, et dont le polygone est le traité complet.

» Les gouvernans ne demanderaient pas mieux que de trouver d'autres moyens que ceux de la violence ; mais le principe dynastique, qui ne se soutient que par le monopole, n'en admet pas d'autres. Ils sont pour eux une nécessité de position et non un froid calcul de sanglante barbarie. Vous voyez que nous écartons bien soigneusement la question des personnes. C'est qu'en effet les hommes ne sont rien, et que les principes sont tout. Au milieu des décombres sociaux qui nous entourent, est-il étonnant que l'on demande à un autre principe une régénération qui ne peut être réalisée par celui que l'on a cherché à modifier de dix manières, comme si l'on pouvait modifier un principe.

» Des hommes généreux dans leur noble illusion avaient cru cette modification possible ; ils avaient pensé que le principe dynastique corrigé, affaibli, il faut le dire, par le principe démocratique, pourrait donner satisfaction aux intérêts de tous : c'était une noble erreur ; nous l'avons partagée. Mais il a fallu bientôt l'abandonner ; car les deux principes ont divorcé avec violence : l'un est resté sur le trône, et l'autre est devenu le symbole des hommes progressifs et nationaux ; c'est la souveraineté du peuple.

» Il faut à l'un une représentation fictive qui jette un vernis menteur de sanction populaire sur les actes qui sont ses conséquences ; il faut à l'autre une représentation vraie, qui donne à la loi toute la force morale dont elle a besoin pour commander l'obéissance. Avec le gouvernement représentatif vrai, chacun peut dire : je suis régi par les lois que j'ai concouru à faire ; avec le gouvernement représentatif faux, il faut suppléer la force morale par la force matérielle, parcequ'alors la loi n'est point l'expression de la volonté générale.

» Eh bien ! c'est le gouvernement représentatif vrai auquel la France veut arriver ; c'est lui qui seul pourra réaliser les améliorations sociales si impérieusement demandées par ceux qui souffrent. Assez long-temps le christianisme, qui fut progressif et républicain, offrit pour compensation à des misères inévitables la béatitude céleste ; assez long-temps la résignation seule vint adoucir les douleurs des opprimés ; Dieu a fait le bonheur pour tous, car il a voulu que l'homme fût libre partout ; il a marqué des places pour tous au foyer vivifiant de la félicité terrestre. C'est le gouvernement représentatif vrai qui ramènera sur la terre la justice, noble exilée qui ne s'est point réfugiée dans le cœur d'un roi.

» Mais ce gouvernement amènerait la ruine de la forme monarchique : cela empêche-t-il que ce soit là le besoin de l'époque ? Non assurément ; tant pis pour la forme monarchique, si elle ne peut pas vivre avec ce principe éminemment rationnel. C'est alors de la forme gouvernementale, progressive, populaire, démocratique, de la RÉPUBLIQUE, en un mot, que nous devrons attendre son application, puisque la monarchie le repousse, et que la nation veut le consacrer. Le peuple, après toutes les déceptions qui l'ont désenchanté et lui ont ouvert les yeux, après avoir essayé de toutes les monarchies possibles, tyrannique, absolue, despotique, constitutionnelle, et enfin populaire, sans obtenir les améliorations sociales auxquelles il a un droit imprescriptible, tourne ses regards vers un avenir démocratique : Doit-on s'en étonner?

» Il a bien raison ; car la forme gouvernementale républicaine pourra seule donner satisfaction aux intérêts de tous.

» Voyons quelles sont ses voies ? Est-ce d'abord *la loi agraire*, comme l'ont avancé quelques hommes ignorans ou de mauvaise foi ? Non, mais l'application à l'ordre social de lois économiques plus équitables. De monstrueuses inégalités se sont formées à l'abri d'incroyables abus ; il faut détruire..... quoi ? les inégalités ? non, mais les abus.

» Avant d'aller plus loin, expliquons-nous sur les trois genres de propriété, l'industrie ou la capacité, les capitaux, et la propriété foncière. Posons en principe qu'elles doivent être sacrées pour nous ; mais qu'il faut accorder à chacune d'elles une égale protection. Nous considérons la propriété *foncière* comme le plus puissant stimulant du travail ; si elle n'était pas trouvée, il faudrait l'inventer ; elle a droit à tous nos respects, car nous devons toujours la supposer le produit d'un travail accéléré d'efforts anticipés ; elle forme dans l'avenir pour r le travailleur honnête homme la plus douce récompense de son labeur. Mais hâtons-nous d'ajouter qu'il faut donner à tous, les moyens d'arriver à cet avenir ; il ne faut pas qu'il soit comme un mirage trompeur dans le désert de théories menteuses. Chacun doit être mis dans la voie qui y conduit, afin que le désordre, la paresse et l'immoralité seuls ne puissent jouir des avantages offerts à la probité active.

» C'est la république qui saura ouvrir cette noble concurrence du talent et du travail, en assurant à chacun le libre exercice des facultés dont l'a doué l'auteur des choses, Une monarchie y serait impuissante, quand même elle aurait la volonté de le tenter.

» Oui, la république seule pourra donner une heureuse solution au grand problème du bonheur de tous ; elle réalisera le gouvernement représentatif vrai, qui produira des lois économiques plus en rapport avec les intérêts de tous.

» Elle détruira le monopole partout où elle le trouvera ; elle assurera le travailleur contre la cupidité barbare du maître, en lui donnant une meilleure part des bénéfices sous la forme de salaire ; elle émancipera l'industrie entravée par des lois de douane prohibitives ; elle activera la production, la distribution et la consommation des richesses, en abolissant les impôts immoraux, spoliateurs et vexatoires, qui tuent l'industrie dans ses trois branches : *culture, manufacture* et *commerce.*

» Elle réalisera les économies gouvernementales demandées en vain aux monarchies, parce qu'elles ont besoin d'or, vivant de corruption.

» Elle frappera le luxe, et non le travail ; l'opulence, et non la misère.

» Elle demandera l'impôt là où il y a des moyens de payer, et non pas là où l'huissier du roi ne trouve pas toujours la famille pourvue du nécessaire, courbée qu'elle est sous des impôts qu'elle n'a pas consentis.

Ici le procureur-général et le président interrompent M. Pautet, prétendant qu'il provoque au renversement de la monarchie.

Vainement M. Pautet invoque-t-il la liberté de la défense, déclarant qu'il ne s'agit que de doctrines, de principes, de discussion ; vainement M. Cabet fait-il remarquer que tous les jours des discussions bien autrement hardies sont tolérées dans les journaux et même dans les débats judiciaires ; vainement dirait-on encore que, dans cette même enceinte, le défenseur d'un journal carliste a pu trois fois insulter la révolution de juillet sans être jamais interrompu ; le rédacteur du *Patriote* est forcé de mutiler sa défense, comme si la monarchie pâlissait à la seule idée de la République.

Après cette interruption, M. Cabet déclare que la violation du droit sacré de la défense le forcerait à garder lui-même le silence, si l'accusé ne demandait pas qu'il prît la parole pour repousser l'accusation. Puis il développe, pendant quatre heures, une défense improvisée dont voici la substance.

Mais voici d'abord ce qu'ajouterait M. Pautet, s'il pouvait achever son discours :

» Elle respectera la propriété même la plus mal acquise ; mais elle détruira les abus à l'abri desquels elle s'est accumulée, et peu à peu la propriété reviendra au plus digne.

» Elle donnera satisfaction aux besoins matériels, et n'oubliera pas les besoins moraux presque toujours méconnus par les monarchies.

» Elle ne blessera point la dignité de l'homme par d'imprudentes catégories, et la vie des citoyens sera sacrée pour elle.

» En un mot, elle rendra le bonheur accessible à tous, et ses lois inattaquables seront respectées, parce qu'elles auront été faites par les mandataires de tous. Voilà notre république à nous ! Arrière les insensés qui supposeraient que nous en rêvons une autre !

» Telle est la réforme que nous attendons de l'application du grand principe de la souveraineté populaire.

» A différens âges du monde, les peuples demandèrent une réforme sociale, et l'obtinrent après bien des combats.

» Le législateur des chrétiens vint délivrer l'esclave et prêcher l'égalité ; il paya de sa vie sa mission divine ; mais il consacra ces grands principes : *liberté, égalité.* Principes que la perversité des hommes met si souvent en question.

» Luther et Calvin levèrent l'étendard de la réforme religieuse ; ils triomphèrent, et la liberté de conscience fut consacrée.

» Louis XIV, bizarre et mystérieux instrument d'amélioration, continua l'œuvre d'abaissement de l'aristocratie commencée par les croisades, continuée par les *communes*, par Louis XI et Richelieu; il en fit sa livrée et lui ôta tellement son prestige que le XVIIIe siècle acheva de l'écraser, dans la nuit du 4 août, par la puissance de Mirabeau qui résumait Voltaire et Rousseau.

» De nos jours, le cri des peuples c'est la réforme politique : il sera entendu tôt ou tard, et le besoin qu'il exprime sera satisfait, non par la monarchie qui ne peut être progressive, mais par la représentation vraie, seul symbole de la république.

» Telles sont, Messieurs, les pensées qui dominent les hommes progressifs, et nous éprouvions le besoin de vous les faire connaître afin de déjouer la calomnie.

» Nous avons voulu vous montrer qu'un républicain n'est ni un homme de trouble, ni un homme de pillage, ni un homme de sang, mais un homme qui marche avec son siècle et veut élever la condition du pauvre sans porter atteinte à la position du riche; un homme qui veut le bonheur pour tous comme but, le gouvernement par tous comme moyen.

» Un homme qui respecte la propriété et la vie de ses semblables, un homme qui veut l'indépendance, la gloire et la prospérité de son pays.

» Un homme qui trouve dans son cœur des sympathies vivaces pour toutes les infortunes, fussent même celles de ses ennemis; un homme qui veut la liberté pour tous; un homme enfin qui sent battre son cœur au nom sacré de la patrie.

» Il me semble vous entendre dire : Et nous aussi nous sommes tout cela, nous voulons tout cela ! nous le savons; car tout honnête homme est républicain, à son insu ou sciemment.

» Voilà, Messieurs, ce que veulent et ce que sont les républicains : Non, ils ne demandent pas aux erremens sanglans du passé des règles de conduite pour l'avenir. Quand ils seront appelés à recueillir les débris d'une société qui s'écroule de toutes parts, la république qu'ils proclameront sera pure de sang et de spoliation; elle sera le règne de la justice, de la raison et du progrès.

DEFENSE DE M. CABET.

« Messieurs les jurés,

S'il ne s'agissait ici que de l'acquittement du gérant du *Patriote de la Côte-d'Or*, profondément convaincu que jamais accusation ne fut plus dénuée de fondement, confiant dans votre indépendance et dans votre raison, je pourrais me borner à vous dire : Lisez l'article incriminé.

Mais il s'agit de deux impôts injustes, inconstitutionnels, funes-

tes, vexatoires, avilissans, démoralisateurs, entraînant une charge
et des frais hors de toute proportion avec la recette, enfin odieux
au peuple et devenus intolérables.

Il s'agit de l'intérêt de 500,000 propriétaires de vignes , de
4,500,000 ouvriers vignerons , de 300,000 négocians ou mar-
chands, et du peuple entier lui-même.

Il s'agit de l'intérêt matériel du département de la Côte-d'Or et
de celui de la France entière.

Il s'agit aussi des plus hautes questions politiques , de la souveraineté du peuple, de la liberté de la presse, du droit d'association,
du droit de refus d'impôt , et de la vérité ou de la fausseté de
notre représentation nationale.

Et puisqu'on nous a forcés d'entrer dans cette arène, nous voulons accepter ici , dans le sanctuaire de la justice , et devant des
juges populaires, un combat solennel qui peut-être ne sera pas
inutile au pays.

La cause est grande : votre patriotisme lui sacrifiera sans peine
quelques instans, et votre impartialité nous fait espérer que vous
nous honorerez d'une bienveillante attention.

Constatons d'abord le caractère de l'accusation et la moralité
de la défense.

De quoi nous accuse-t-on ? de *provocation à la désobéissance à
la loi*. — A quelle loi ? Car s'il est des lois auxquelles il serait hon-
teux de ne pas rendre hommage, il en est d'autres qu'on peut se
faire gloire d'attaquer. Eh bien, notre prétendu crime est de de-
mander l'abolition des lois d'impôt sur le *sel* et sur les *boissons!*

Nous nous sentons déjà soulagés; et loin de faire l'éloge de
ces lois et de ces impôts , notre conscience nous impose le devoir
de les stigmatiser ici, de les flétrir, de les tuer s'il est possible , du
moins de les blesser à mort en attendant qu'on les achève ailleurs.

Commençons par l'impôt sur les *boissons*.

IMPOT SRU LES BOISSONS.

IMPOT INJUSTE.

Cet impôt n'est-il pas souverainement *injuste?* car , indépen-
damment de l'impôt *foncier*, et de celui de la *patente*, qui frappent
la *terre* et l'*industrie* qui les produisent, le vin , l'eau-de-vie , le vinaigre , la bierre , le cidre , le poiré , sont frappés d'un autre impôt énorme, égal tantôt à la moitié, tantôt à la totalité, tantôt au
double et au triple de leur valeur commerciale, tandis que les autres produits de la terre et de l'industrie, ceux même qui n'ont
d'autre utilité que d'alimenter les plaisirs du luxe , de l'opulence,
et de l'oisiveté, sont affranchis d'impôts.

IMPOT INCONSTITUTIONNEL.

Cet impôt n'est-il même pas *inconstitutionnel?* comme toutes nos constitutions précédentes l'article 2 de la Charte veut

que les Français contribuent aux charges de l'état dans la *proportion de leur fortune*, tandis que l'impôt sur les boissons viole ce principe sous tous les rapports.

D'abord l'*impôt foncier* est beaucoup plus considérable sur la vigne que sur toutes les autres espèces de terre, quoique la récolte de la vigne soit sujette à bien plus d'accidens. Ainsi, l'impôt foncier sur tout le territoire est de 2444 millions, et la vigne qui n'occupe qu'un trentième de ce territoire, supporte 114 millions d'impôt foncier, c'est-à-dire 14 *trentièmes* ou près de moitié de ces 244 millions.

En second lieu, tandis que les produits des autres terres ne sont pas imposés, ceux de la vigne sont frappés d'un impôt de 66 millions, en sorte que la vigne paie 114 millions sur le fonds, et 66 millions sur les fruits, c'est-à-dire 180 millions, tandis que les 29 autres trentièmes du territoire ne paient que 130 millions.

En troisième lieu, l'impôt sur les boissons comprend trois droits différens : droit d'entrée, droit de circulation, et droit de vente en détail. Les deux premiers droits sont les mêmes pour le pauvre et pour le riche, pour les vins les plus communs et pour les vins les plus précieux, tandis que, dans la réalité, le droit de vente en détail, qui ne porte que sur les vins *médiocres* et qui est incomparablement *plus fort*, ne porte exclusivement que sur *le pauvre* ; le riche achète en gros les vins fins, et ne paie que les faibles droits d'entrée et de circulation, lorsque le pauvre, forcé d'acheter le mauvais vin à la bouteille, paie les deux mêmes droits plus le droit de vente en détail.

IMPOT FUNESTE.

Cet impôt n'est pas seulement, pour le propriétaire et pour le consommateur, une charge aussi inconstitutionnelle qu'injuste ; il empêche même la consommation et l'exportation, exportation d'ailleurs empêchée déjà par les droits de douanes mis sur nos vins par les gouvernemens étrangers, en représailles des droits d'même genre établis par la restauration sur quelques-uns de leurs produits, pour en empêcher l'importation en France, afin d'augmenter la valeur des forêts et des forges de l'aristocratie française.

L'impôt donc empêche la consommation des boissons, et, comme les douanes, leur exportation.

Cependant, ces boissons ne sont-elles pas utiles ou plutôt nécessaires ?

Les médecins et les économistes reconnaissent qu'elles entrent pour *un sixième* dans la *nourriture* de l'homme ; que, si le pays n'en avait pas, il lui faudrait un sixième de plus en blé, viande, etc., et que, dans les temps de disette, il faudrait acheter ce sixième à l'étranger.

Ces boissons donnent aussi de la *force* à l'ouvrier et le rendent capable d'augmenter *d'un 21ᵉ* au moins son travail et ses produits.

Elles conservent la *santé* du peuple travailleur, et diminuent peut-être d'un *douzième* la mortalité qui frappe certaines industries. Elles sont une des principales *richesses nationales;* car les terres à vignes refusent généralement d'autres fruits, tandis que nos vins sont tellement abondans et précieux qu'ils peuvent suffire pour la consommation intérieure et pour une exportation de nviron . . . . millions chaque année.

» En surchargeant ou en empêchant la consommation et l'exportation, l'impôt est donc, sous tous les rapports, nuisible au pauvre, à l'ouvrier, au propriétaire de vignes, à l'agriculture, à l'industrie, au commerce, au pays tout entier, en un mot funeste.

» Il produit même ce monstrueux effet que c'est au peuple des pays vignobles surtout qu'il interdit l'usage des boissons ; car, dans les autres pays, on fait, pour le peuple, de la bièrre ou du cidre, dont le prix est moins élevé, tandis que, dans les pays vignobles, le peuple ne peut trouver que du vin trop cher pour qu'il puisse en acheter ; et le malheureux vigneron, constamment courbé vers la terre pour cultiver la vigne à la sueur de son front, ne boit ordinairement que de *l'eau,* heureux encore qu'elle ne soit pas, comme l'air et la lumière, frappée d'un autre impôt !

» Mais ce n'est point assez : injuste, inconstitutionnel et funeste, dans sa qualité et son application, cet impôt est encore vexatoire, avilissant et démoralisateur dans sa perception.

IMPOT VEXATOIRE.

» Comment énumérer toutes les vexations qu'il enfante, et qu'il enfante nécessairement ?

» Car plus l'impôt est énorme et injuste plus la fraude est à craindre, et par conséquent plus le génie du fisc doit épuiser toute son expérience et toute son imagination pour la prévoir, la prévenir ou la réprimer.

Depuis la récolte et la fabrication jusqu'à la consommation, il faut que le fisc voie et connaisse toutes les opérations, tous les mouvemens, et, tous les changemens quelconques.

De là des formalités et des conditions sans nombre, qui font perdre au fabricant ou au commerçant un temps précieux, qui gênent et entravent l'industrie et le commerce, qui souvent empêchent la réussite des opérations et causent un préjudice irréparable.

Un accident imprévu, le hazard le plus innocent, la force des choses vous empêchent-ils, malgré toute votre bonne volonté, d'exécuter littéralement la loi; *vous fraudez!* vous dit aussitôt l'impitoyable argus de la régie ; et vîte un procès-verbal, un procès, une amende.

Il faut même appeler cet argus à vos opérations les plus importantes, il faut attendre qu'il veuille bien être présent.

Et si vous avez, pour la fabrication du vin, ou du vinaigre, ou de l'eau-de-vie, ou de la bierre, quelque procédé nouveau, fruit de beaucoup d'essais, de tems, de dépense, de génie peut-être, dont vous espérez la fortune de vos enfants, votre laboratoire n'est point un azile, votre découverte n'est point votre propriété, votre procédé n'est point un secret; vous êtes obligé de le confier.

Votre domicile même n'est plus un sanctuaire impénétrable; la chambre de votre femme, son lit, ses meubles, le berceau de son enfant ne sont plus des lieux saints et sacrés: les commis, aussi nombreux qu'il leur plaît, peuvent y pénétrer sans magistrats ni témoins, tous les jours, à toute heure, en votre absence comme en votre présence, rester chez vous tant qu'ils veulent, tout visiter tout fouiller, jauger, déguster, juger, et verbaliser avec le privilège d'être crus sur parole.

Si du moins c'étaient des anges ! mais ce sont des hommes, pris sans autre condition peut-être que d'être dévoués soit au gouvernement soit à la régie, et d'être de bons limiers du fisc; des malheureux qui, bravant le mépris et la haine, mettent leur intérêt, leur avancement et leur avenir dans la guerre qu'ils font sans cesse aux citoyens; des étrangers qui n'ont aucune raison de ménager les habitans, et qui s'éloignent quand ils ont attiré sur eux trop d'irritation.

Si ces commis se trompent, et surtout s'ils veulent tromper; s'ils sont indiscrets, et surtout s'ils veulent traitreusement abuser des secrets qu'ils découvrent; s'ils veulent favoriser quelqu'un, ou fabriquer et vendre pour leur propre compte; si, hommes de partis ou vindicatifs, ou méchans et faussaires, ils veulent vexer et persécuter, alors *l'exercice* est un enfer.

Car alors, que de visites, de fouilles, d'exigences, de brutalités, de vexations, d'injustices, d'insultes, de calomnies, de procès-verbaux et de poursuites !

Et que d'iniques condamnations prononcées sur la foi de la signature de ces commis! que de spoliations dans les amendes et les confiscations !

L'acquittement par les tribunaux termine rarement la poursuite; car une administration qui ne risque rien à plaider, et qui peut tout gagner à n'écouter que son amour-propre, sa tyranique domination et son insatiable cupidité, vous traînera du tribunal à la cour, de la cour royale à la cour de cassation, et de celle-ci à une autre cour royale.

Et si vous triomphez enfin, que de temps, que de démarches, que de soucis, que de faux frais vous aura coûté la victoire

A quelque prix que ce soit, vous préférez donc *transiger*. Le procès-verbal est erroné, faux même; le procès est inique; mais vous seriez ruiné peut-être en le gagnant comme en le perdant; vous êtes donc forcés de donner tout ce qu'on vous demande; et si l'idée d'implorer l'oppresseur ne vous révolte pas, tout ce que vous pourrez obtenir c'est une diminution en vous humiliant.

IMPOT AVILISSANT.

Oui, en vous humilant.

Quelle humiliation, en effet, d'être à la discrétion de tant d'arbitraire et de despotisme, d'avoir à fléchir devant tant d'insolence et de tyrannie ! Est-il quelque chose de plus insultant que ces *visites* des commis, de plus révoltant que ces *fouilles* à la douane, à l'octroi, et jusque dans le sanctuaire du domicile ; de plus avilissant que cette soumission et cette dépendance envers ces conquérans de nouvelle espèce, envers ces ennemis méprisés et détestés qui viennent, le chapeau sur la tête, vous dicter insolemment, jusque dans vos foyers, les lois de leur caprice et de leurs passions curieuses ou malignes, et devant qui vous sentez le supplice d'être obligé de réprimer vos sentimens d'indignation et de colère !

Tolérer de si criants abus, n'est-ce pas vouloir opprimer et tyranniser le citoyen, ou l'habituer à sacrifier sa dignité d'homme, le transformer en esclave, et rendre la liberté du sauvage préférable à celle des nations civilisées ?

Mais ce n'est point encore assez d'avilir le citoyen ; cet impôt démoralise la société.

IMPOT DÉMORALISATEUR.

L'impôt est si injuste que personne, propriétaire ou négociant, fonctionnaire public ou simple particulier, ne se fait scrupule de s'y soustraire en éludant et fraudant la loi ; les entraves apportées à l'industrie et au commerce leur sont tellement préjudiciables que chacun considère la fraude comme une indemnité légitime ; ceux qui ne voudraient pas frauder y sont contraints pour pouvoir soutenir la concurrence avec ceux qui fraudent, ou pour n'avoir pas inutilement la réputation de fraudeurs que la régie se plaît à généraliser ; en un mot, l'habitude de la fraude est universelle.

Eh bien ! qu'y a-t-il de plus funeste pour la morale publique ? quelle distance sépare la fraude contre le fisc de la fraude et du vol contre les particuliers ? Quoi de plus capable d'anéantir la bonne foi et la loyauté dans le commerce ? Habituer les citoyens à frauder et violer une loi, n'est-ce pas les exposer à frauder et violer toutes celles qui les contrarient ?

Quelles sont d'ailleurs les immoralités que ne produit pas cet impôt ? Tantôt c'est un commis qui, trahissant tous ses devoirs, vend son silence pour protéger la fraude, ou provoque même à la fraude pour en partager le produit ; tantôt c'est un autre commis qui séduit le domestique ou l'enfant pour obtenir des révélations contre son maître ou son père ; tantôt c'est un serviteur qui, voyant son patron s'enrichir par la fraude, croit ne faire que prendre sa part du bénéfice en le volant, ou se permet tous les excès en le menaçant de le dénoncer; tantôt c'est un voisin, un ennemi politique ou autre, qui se venge par la délation ; tantôt c'est un voiturier qui soustrait ou altère les boissons qui lui sont confiées, certain qu'il est de s'assurer l'impunité en disant que c'est la régie qu'il faut accuser.

Ajouterons-nous que, si l'impôt n'existait pas, l'ouvrier boirait habituellement du vin chez lui, à ses repas, avec sa femme et ses enfans, tandis que l'impôt, rendant le vin plus cher et lui donnant tout l'attrait du fruit rare et défendu, provoque le peuple à la débauche une fois par semaine, à l'ivrognerie si dégradante pour l'humanité, et même aux liqueurs fortes dont l'excès est si nuisible à la santé.

IMPOT EXCESSIVEMENT COUTEUX A PERCEVOIR.

Si du moins cet impôt enrichissait le trésor !

Mais le fisc prétend qu'il n'en retire que 66 millions, et pour percevoir cette somme, il lui faut 7,000 employés qui coûtent 21 millions, c'est-à-dire le tiers de la recette brute, qui se trouve ainsi réduite à 45 millions.

Et remarquez encore que la fraude trouve le moyen de soustraire les 4 cinquièmes des boissons à l'impôt, et que, si le trésor n'encaisse que 66 millions, la fraude reçoit peut-être 264 autres millions payés par le peuple ; ensorte que, tandis que la charge est d'environ 330 millions pour les consommateurs, le produit n'est que de 45 millions pour le fisc.

Aussi, le ministre des finances reconnaissait-il, à la tribune, le 29 avril 1833 : « que les avantages de l'impôt ne sont point en rap- » port avec les charges qu'il fait péser sur le pays. »

Mais quelle conséquence en a-t-il tirée ? qu'il faut supprimer l'impôt ? C'est ce que déciderait un homme du peuple ; mais un ministre raisonne bien autrement : Les frais de perception, dit-il, sont excessifs, hâtons-nous de faire cesser ce scandale ; augmentons l'impôt ! ! !

En le diminuant au contraire, on augmenterait la consommation, on éviterait la fraude et presque tous les inconveniens déjà signalés, et le trésor recevrait au moins la même somme.

Mais il faut avoir le courage de regarder le mal, de sonder la plaie, et d'y porter le remède nécessaire : ce n'est pas une simple diminution de l'impôt qu'il faut accorder, c'est la visite et l'exercice qu'il faut supprimer, c'est l'impôt lui même qu'il faut abolir, en le remplaçant par d'autres impôts, ou plutôt par des *économies ;* car on aurait beau faire, en conservant l'impôt il serait presque impossible d'éviter tout ce qui le rend nécessairement odieux.

IMPOT ODIEUX.

Il n'en est pas contre lequel l'opinion publique se soit plus vivement et plus constamment insurgée

On se rappelle encore les scènes sanglantes qu'il occasionna dans ces murs avant 1789 ; la révolution le détruisit ; la République n'eut pas la folie de le rétablir ; et si ce fut une faute de l'empire, ce fut aussi l'une des principales causes de sa chûte, rien n'étant impopulaire comme les *droits réunis*, rien n'étant odieux comme les *rats de caves*.

Aussi, la branche aînée des Bourbons, rentrant avec l'étranger en 1814, ne put rien imaginer de mieux pour se populariser que de crier, à Bordeaux comme à Vesoul, *plus de droits réunis* ; et s'ils eurent l'infamie de violer leurs promesses en conservant l'impôt sous le nouveau nom de *contributions indirectes*, espérant que le peuple serait assez stupide pour se contenter d'un changement de mots , ce même peuple punit leur perfidie en les chassant honteusement en 1815.

Le retour du héros ne garantit pas la régie de la fureur populaire ; et l'on n'a pas oublié que, pendant les cent jours, à Beaune, ses registres furent triomphalement brûlés, sur la place publique, par le peuple insurgé.

Mais Waterloo assura le règne de la régie , et ce fut en 1816 qu'une loi nouvelle consolida sa tyrannique domination.

Que de pétitions adressées depuis, chaque année , partout, aux chambres et à la royauté! que de réclamations des autorités locales! que de mémoires imprimés! que de collisions partielles entre le peuple et les commis !

Que de démarches faites, en 1829 , auprès des ministres, par les délégués de tous les pays vignobles réunis à Paris !

Mais ce n'est pas sans danger qu'on brave ainsi l'opinion publique, et la conservation de l'impôt n'est pas la moindre des causes qui firent expulser Charles X en 1830.

Trompé si souvent , le peuple voulait se faire justice lui-même de la régie ; mais on réfléchit qu'il était impossible que le gouvernement nouveau , qui allait sortir des barricades, fût assez ingrat pour repousser les vœux populaires. On pensa que, quand le pays pouvait être attaqué, il fallait s'imposer des sacrifices pour donner les moyens de sauver son indépendance ; on attendit donc avec confiance.

L'exercice fut suspendu , l'impôt fut diminué de 30 millions par la loi du 12 décembre 1830 , et l'on fit espérer sa prompte suppression totale.

Mais l'impôt continuant, les murmures recommencèrent , et bientôt l'un des ministres du roi nouveau poussa la folie jusqu'à reprocher au peuple son *peu de reconnaissance* , et jusqu'à le menacer de maintenir l'impôt et l'exercice,

Que dis - je ? le projet de budjet pour 1834 contenait une *augmentation de* 20 *millions* sur les boissons ; et, si le rapporteur de la commission déclara à la tribune, le 9 juin 1833, que, *dans les circonstances actuelles, le moment était mal choisi* pour cette augmentation, il n'en déclara pas moins que, comme toutes les commissions précédentes, la commission du budjet pensait que l'impôt sur les boissons devait entrer comme *élément nécessaire dans les finances de tout grand peuple ;* et si le ministre retira sa demande d'augmentation, il déclara formellement que ce n'était qu'un *ajournement* arraché par les circonstances.

Ainsi l'impôt sera conservé, même augmenté !

C'est en vain que les ouvriers ont versé leur sang dans les rues de Paris ; c'est en vain qu'on nous parle de souveraineté du peuple, de gouvernement représentatif ; c'est en vain que l'opinion publique se manifeste de mille manières, par les pétitions, par les émeutes, par l'inaction des gardes nationales ; c'est en vain que le passé présente les leçons de l'expérience ; aveuglé sans doute par l'esprit de vertige et d'erreur, le gouvernement n'écoute rien, brave tout, et semble vouloir laisser à Henri V ou à la République l'avantage de pouvoir écrire sur leurs drapeaux : *Plus d'impôt sur les boissons !*

En vérité, quand on considère tout le danger d'une pareille obstination, on ne peut s'empêcher de penser que l'impôt des boissons renferme quelque grand et mystérieux intérêt : serait-ce qu'on veut avoir une armée de sept mille séides et de sept mille argus, comme on veut avoir des bastilles ? serait ce que, comme le disait énergiquement un directeur, cet impôt est la *bouteille à encre* dans laquelle la royauté peut trouver plus de millions qu'on ne croit pour alimenter sa police ?

Mais cela même ne fait qu'accroître l'irritation et le danger.

Arrivons à l'impôt sur le *sel*.

IMPOT SUR LE SEL.

Tout ce que nous venons de dire de l'impôt sur les boissons s'applique presque également à l'impôt sur le *sel*.

Celui-ci est peut-être plus injuste encore, car il *décuple* le prix du sel.

Il est peut-être aussi plus funeste à l'agriculture ; car le sel, que la nature a prodigué partout plus encore que la vigne, est nécessaire à la fertilité de beaucoup de terres, à la conservation des fourrages, à la nourriture des bestiaux, et par suite à la nourriture de l'homme.

Il est peut-être plus monstrueux ; car il paraît certain que, si l'impôt était dix fois moindre, la consommation serait dix fois plus forte, et que, par conséquent, le trésor recevrait autant sans nuire au pays.

Cet impôt, comme celui des boissons, est donc sauvage et barbare.

Aussi, écoutez comme en parlait autrefois un des sages et des savans du siècle dernier :

« La recherche des mines de sel est prohibée, et même l'usage
» de l'eau qui en découle nous est interdit par une loi fiscale, qui
» s'oppose au droit si légitime d'user de ce que la nature nous offre
» avec profusion ; loi de *proscription* contre l'aisance de l'homme et
» la santé des animaux qui doivent participer aux bienfaits de la
» mère commune, et qui, faute de **sel**, ne vivent et ne se multiplient
» qu'à demi ; *loi de malheur ou plutôt sentence de mort* contre les gé ;
» nérations à venir, qui n'est fondée que sur le mécompte et sur
» l'ignorance, puisque le libre usage de cette denrée si nécessaire à
» l'homme et à tous les êtres vivans, ferait plus de bien et devien-
» drait plus utile à l'état que le produit de la prohibition ; car il
» soutiendrait et augmenterait la vigueur, la santé, la propagation,
» la multiplication des hommes et de tous les animaux utiles. *La*
» *gabelle fait plus de mal que la grêle et la gelée;* les bœufs, les che-
» vaux, les moutons, tous nos premiers aides dans cet art de pre-
» mière nécessité et de réelle utilité, ont encore plus besoin que
» nous de ce sel, qui leur était offert comme l'assaisonnement de
» leur insipide herbage, et comme préservatif contre l'humidité
» putride dont nous les voyons périr; tristes réflexions que j'abrège
» en disant que *l'anéantissement d'un bienfait de la nature est* un crime
» *dont l'homme ne se fût jamais rendu coupable s'il eût connu ses véritables*
» *intérêts.* »

Et qui flétrissait ainsi l'impôt sur le sel? est-ce un révolutionnaire, un anarchiste? c'est le comte de Buffon.

Aussi, sous la restauration, C. Perrier lui même réclama-t-il constamment l'abolition de cet impôt.

Aussi, voulez-vous savoir quel effet il produit sur le peuple? écoutez le ministre Humann parlant, à la tribune, le 17 juin 1833.

» Depuis 3 ans, dit-il, d'affligeans désordres se commettent et
» s'aggravent sous les yeux de l'administration, qui malheureu-
» sement n'a pu réussir jusqu'ici à le *réprimer.* Ce ne sont pas
» quelques individus isolés qui s'y livrent ; des *populations entiè-*
» *res* y prennent part; elles abandonnent les travaux de l'agricul-
» ture pour s'adonner à un *trafic coupable.* Dans le département
» de l'Est qui forme la concession accordée à l'Etat par la loi du
» 6 avril 1825, on se livre à l'envi à la *fabrication illicite du sel.* Il
» en est de même au pied des Pyrennées. Là surtout a éclaté *la*
» *plus vive opposition* quand les agens du fisc ont tenté de rappe-
» ler au respect des lois les populations qui s'en étaient écartées.

Quel remède le ministre a-t-il trouvé pour un mal aussi grave? Vous croyez peut-être que ce sera la suppression ou la diminution de l'impôt? détrompez-vous : c'est une loi qui prononcera des peines plus sévères !

Ainsi donc, toujours de la violence et de la force! toujours du mépris pour les besoins du peuple et pour l'opinion publique!

Cependant on a beau faire: l'opinion publique finit par être la maîtresse; devant elle ont disparu les fleurs de lys, la loi sur l'état de siége et les bastilles: le peuple, devant lequel a reculé la contribution personnelle et mobilière, ne veut plus des impôts sur les boissons et sur le sel; et ces impôts disparaîtront!

Mais comment? par quel moyen? Nous l'avons trouvé dans la puissance de *l'association*.

ASSOCIATION.

Le ministère public n'attaque pas l'association en elle-même: c'est un droit que la loi reconnaît aux citoyens; et le procureur-général ne le conteste pas. Nous en prenons acte.

Mais l'accusateur prétend que l'association dijonnaise *provoque au refus de l'impôt*, par conséquent à la désobéissance à la loi, et c'est là qu'il trouve un délit.

Nous prouverons tout-à-l'heure que l'association ne provoque pas au refus de l'impôt; mais nous voulons bien l'admettre, pour un moment, et nous soutenons que ni ce refus, ni la provocation à ce refus ne pourraient constituer un délit: voyons donc.

REFUS D'IMPOT.

Quand un contribuable ne paie pas ses impôts, le fisc peut faire saisir et vendre ses meubles.

Mais quelle loi dispose que le non-paiement de l'impôt est un délit? Citez cette loi, citez la peine qu'elle prononce. Vous ne pouvez rien citer! Il n'y a donc ni loi, ni peine, ni délit.

Il ne peut même pas y en avoir: car l'impuissance de payer ne pouvant jamais constituer un délit, il faudrait distinguer entre le cas où le contribuable ne *pourrait* pas, et celui où il ne *voudrait* pas payer; et si le refus était puni, on se garderait bien de dire *je ne veux pas*; on dirait *je ne peux pas*, ou plutôt on s'abstiendrait de payer sans rien dire; et comment prouver que le contribuable pouvait mais qu'il n'a pas voulu faire le paiement?

Aussi, M. Pitrat, à Lyon, vient-il de refuser impunément ses impôts.

Un citoyen, une commune, un département, la France entière peuvent donc refuser l'impôt: et tout ce que le fisc pourra faire, ce sera de faire saisir et vendre les meubles pour en prendre le prix en paiement.

Mais, direz-vous, si tout le monde laisse saisir ses meubles, et si personne ne veut les acheter, le gouvernement n'aura donc pas d'impôt?

Non sans doute, et c'est juste; car le refus d'impôt est un droit du pays; c'est même le plus précieux de tous ses droits.

Ce fut en effet de tout temps un principe reconnu, qu'il n'y a d'impôts légitimes que ceux votés par la nation ou par ses représentans, c'est-à-dire par les états-généraux avant 1789, et, depuis cette époque, par les chambres législatives.

Aussi la France entière approuva-t-elle la fameuse assemblée de Vizille, en Dauphiné, déclarant, en 1788, qu'elle refuserait tout impôt jusqu'à la convocation des états-généraux.

Personne ne conteste aux représentans de la nation le droit de refuser les impôts injustes ou excessifs.

Personne ne peut leur contester le droit de refuser tout budjet (*), jusqu'à ce que le gouvernement ait accordé, par exemple, une loi qu'il refuse, ou jusqu'à ce qu'il ait pris de nouveaux ministres, ou même jusqu'à ce qu'il se soit retiré lui-même; car, dans tous ces cas, la représentation nationale ou la nation ne fait qu'exercer son droit de *souveraineté*, et c'est sa volonté qui doit être maîtresse.

Le peuple pourrait même refuser un budjet ou un impôt voté par la représentation nationale, parce que cette représentation n'est qu'un mandataire dont les actes doivent obtenir l'approbation expresse ou tacite du mandant.

Supposez que la représentation trahisse les intérêts du peuple; supposez, par exemple, qu'elle veuille rappeler Henri V ou consentir la construction des bastilles; le peuple ne pourrait-il pas alors pourvoir à son salut? Ne devrions-nous pas nous faire tuer plutôt que de subir le joug? Aurions-nous d'autres moyens que l'insurrection ou le refus d'impôt?

Mais si le peuple a le droit de refuser l'impôt, lors même qu'il est voté par la représentation nationale, à plus forte raison a-t-il ce droit quand, au lieu d'une représentation réelle, il n'y a, comme aujourd'hui, qu'un simulacre de réprésentation.

SIMULACRE DE REPRÉSENTATION NATIONALE.

Le procureur-général reproche à l'acte d'association de traiter les chambres actuelles de *prétendus représentans du pays* :

Abordons franchement la question.

Qu'est-ce que le pays, la nation, le peuple? N'est-il pas absurde de soutenir que *cent soixante mille électeurs* sont le peuple français? *Dix mille* le seraient donc également s'il plaisait de n'en avoir que dix mille?

Quoi! la majorité qui fait aujourd'hui les lois n'est guère nommée que par *quarante-cinq mille électeurs* (**), et cette majorité serait une véritable représentation nationale !

(*) Le ministre Humann l'a reconnu, à la tribune, le 27 mai 1833.
(**) Il y a environ cent soixante mille électeurs. — Cent vingt mille seulement votent aux élections. — La majorité de la chambre (deux tiers) est nommée par quatre-vingt mille, ou plutôt par la majorité seulement de quatre-vingt mille, c'est-à-dire par environ quarante-cinq mille.

Mais sous la constitution de l'an III, sous celle de 1791, et sous l'ancien régime même, la nation active comprenait plus de *six millions d'électeurs;* plus de six millions de citoyens ont concouru à l'élection des états-généraux de 1789 ou de l'assemblée constituante, puis de l'assemblée législative, puis de la Convention, puis du conseil des Anciens et du conseil des Cinq-Cents : c'est alors que ces assemblées pouvaient s'appeler une représentation nationale !

Mais quand un soldat, ou si l'on veut un héros, qui pouvait être la divinité de la terre s'il n'eût pas été ingrat envers la révolution et la liberté, eut l'insolence d'usurper tous les droits du peuple, et de nommer pour ainsi dire lui-même un sénat servile et des députés muets, il n'y eut plus qu'une ombre de représentation nationale; et c'est cette ombre qui souffrit que le préfet de l'étranger nous imposât sa charte octroyée et son simulacre de gouvernement représentatif.

Sous la restauration, comme sous l'empire, point donc de véritable représentation nationale, ainsi que le ministre Thiers l'avouait, à la tribune, le 29 novembre 1832.

Or, n'est-ce pas la pairie royale, les députés d'un petit corps électoral aristocratique et du double vote privilégié, c'est-à-dire ce semblant de représentation nationale de la restauration, qui, en 1830, a revisé la charte de 1814 ; qui, en 1831, a fait la nouvelle loi d'élections et constitué les cent soixante mille électeurs d'où la chambre actuelle est sortie?

Nous n'avons donc pas, il le faut le dire hardiment et le proclamer partout, parce que rien n'est plus manifeste et plus incontestable, nous n'avons pas de véritable représentation nationale : le roi, l'aristocratie nobiliaire, territoriale, financière, industrielle et commerciale, cent soixante mille électeurs, en un mot, sont représentés; mais l'ouvrier, mais le soldat, mais ces *six à huit millions* de citoyens qui composent le peuple, n'ont aucune représentation.

Voilà la véritable cause du mal; voilà pourquoi les intérêts du peuple sont sacrifiés, pourquoi les impôts sont accablants, pourquoi les lois sont oppressives; et tant que la cause subsistera, l'effet subsistera nécessairement aussi.

Si le peuple veut que ses intérêts soient défendus, qu'il réclame donc le droit électoral, qu'il réclame une véritable représentation nationale.

En attendant qu'il les ait obtenus, et même afin de les obtenir, qu'il s'associe, qu'il refuse l'impôt; c'est une nécessité, c'est son droit.

Et ce n'est pas seulement nous qui le pensons ainsi; c'était l'opinion de cette fameuse association bretonne qui fit tant de bruit en 1829 ; c'était celle des principaux avocats du barreau de Paris, de M⁰ *Isambert*, aujourd'hui conseiller à la cour de cassation, *Bernard*, depuis procureur-général à la cour royale de Paris, *Dupin*, procureur-général à la cour suprême, *Mérilhou*, ex garde-des-sceaux, et *Barthe*, aujourd'hui ministre de la justice ; c'était aussi celle de tous les journaux de l'opposition d'alors ; c'est celle de la France entière qui se couvre d'associations ; c'est celle de l'Angleterre où, dans Londres même, des réunions de 100,000 citoyens organisent le refus d'impôt.

Et si le ministère public veut trop s'en alarmer, nous lui dirons : calmez votre inquiétude ; si le pays n'approuve pas le refus d'impôt, ce refus n'est pas à craindre ; mais si les contribuables, les conseillers municipaux, les jurés, les magistrats, les gardes nationaux, l'armée, si le peuple, en un mot, veut refuser l'impôt, rien ne pourra paralyser sa volonté, et ce refus pourrait, peut-être sauver encore votre royauté que l'insurrection briserait infailliblement, comme il aurait sauvé peut-être la royauté de Charles X que l'insurrection a brisée.

Concluons donc : le refus de l'impôt n'est point un délit.

Mais, comment alors la *provocation* à ce refus pourrait-elle être coupable ! conçoit-on que le refus soit licite et que la provocation au refus puisse être criminelle !

Ne faudrait-il pas alors poursuivre comme provocateur le ministre des finances qui, le 17 avril 1833, disait à la tribune, que *le gouvernement avait été contraint de* RECULER DEVANT L'IRRITATION *excitée par l'impôt de quotité ?* Car faire un pareil aveu n'est-ce pas encourager le peuple à manifester son irritation quand il veut faire reculer le gouvernement sur la perception d'un impôt ?

Le *National* n'a-t-il pas provoqué le peuple à s'opposer aux *bastilles* quand même ces bastilles seraient autorisées par une loi, et le *National* n'a-t-il pas été acquitté, par le jury, sous les yeux du gouvernement lui-même ?

La Gazette de France, poursuivie pour avoir provoqué au refus d'impôt, n'a-t-elle pas été renvoyée de la poursuite par la chambre du conseil du tribunal de la Seine ? et cependant la provocation était directe et formelle. La Gazette soutenait expressément que le pays a le droit de refuser l'impôt voté par une chambre qui ne représente pas les contribuables ; elle discutait longuement la question ; elle invoquait toutes les autorités anciennes et modernes.

Il est vrai que, sur l'opposition du ministère public, la Gazette a depuis été renvoyée devant la cour d'assises ; mais il ne lui sera pas difficile de justifier son système.

Ainsi, lors même que l'association dijonnaise organiserait le *refus de l'impôt* et *provoquerait* à ce refus, il n'y aurait aucun délit.

Mais rentrons dans la vérité : Comment peut-on dire que l'association dijonnaise provoque au refus d'impôt ?

Est-elle intitulée *association pour le refus d'impôt*? Non, mais *association contre l'impôt*.

Son but était-il d'imposer l'abolition de l'impôt sur les boissons et sur le sel? Non, mais de *l'obtenir*, en épuisant toutes les voies légales, *pétitions, enquêtes, mémoires,* etc.; en prouvant que les besoins de l'état n'*en souffraient pas,* en indiquant les ressources qui mettraient le trésor à l'abri d'un *déficit.* Elle prévoit même qu'elle pourra durer *plusieurs années.*

« Que si, ajoute-t-elle, ces moyens venaient à échouer; si le » fisc repoussait des tentatives dirigées dans un esprit de justice et » d'intérêt général, l'association *aviserait* alors à tirer parti de son » existence pour *organiser le refus de l'impôt* sur les boissons et sur » le sel. La seule *possibilité* de ce refus ne sera pas la moindre des » causes qui pourront *amener* le pouvoir à *accueillir* enfin de justes » réclamations. »

C'est là que le procureur-général trouve la *provocation au refus de l'impôt;* c'est là qu'il trouve un crime.

Eh bien! nous le déclarons, jamais prétention ne nous parut plus vaine. Après avoir tout épuisé, l'association pourra organiser le refus de l'impôt, et elle aura raison, mille fois raison; mais ce n'est qu'une éventualité, qu'une simple possibilité. Quant à présent, l'association *provoque à l'association,* et point au refus de l'impôt : il n'y a donc aucun délit.

Il y a plus; cette association est remarquable par sa modération, et l'on parlait bien autrement sous la restauration elle-même.

Car écoutez la pétition adressée aux chambres, en 1819, par les propriétaires, vignerons et négocians de Dijon, et rédigée par l'un des amis de cette restauration; écoutez !

« Jusques à quand, disaient-ils, abusera-t-on de notre *patience*? » De quel sentiment *d'indignation* n'est-on pas saisi, lorsqu'à la tri- » bune nationale on fait l'éloge d'un impôt et d'un mode de per- » ception contre lesquels *la France entière se soulève;* lorsqu'on an- » nonce comme une chose définitivement arrêtée, la conservation » de ces mêmes impôts contre lesquels les plus instantes et les plus » vives réclamations n'ont cessé d'exister; lorsque l'on semble bra- » ver les douleurs de ceux qui y sont assujétis, en vouant au ridi- » cule les vexations et les souffrances sous lesquelles ils gémissent ?
. . . .

» Pourquoi les mêmes moyens ne seraient-ils pas employés » pour soustraire la France au despotisme des commis? Pourquoi » ce beau pays, que l'on dit avoir conquis la liberté, serait-il ré- » duit au plus dur et au plus *ignoble de tous les esclavages*? Car il » n'y a rien de pire que l'*insolente domination des commis.*
. . . .

» Quelle est donc la nation assez *lâche pour souffrir un pareil excès* » *d'indignité* ?
. . . .

» Eh ! ce n'est point de *l'agitation* qu'il faut craindre : il existe
» un *sujet d'alarmes* plus réel et plus vrai , et dont *l'explosion terrible*
» *épouventera* ceux-là mêmes qui demandent aujourd'hui la conser-
» vation du plus détrastreux et du plus funeste des impôts. »

Voilà ce qu'on pouvait impunément dire , imprimer et publier
sous la restauration ; et l'association est poursuivie aujourd'hui !

Hé bien! comparez à ce langage celui de notre acte d'association,
et dites-moi, je vous prie , où est la modération? où pourrait-on
trouver la provocation à la désobéissance aux lois, la menace de
l'émeute et de l'insurrection?

Non que je veuille blâmer le ton d'indignation et la véhémence
de la pétition de 1819 ; car la vérité , la franchise et la hardiesse
auront toujours droit à mes hommages, et je suis de ceux qui pen-
sent qu'il faut parler haut et ferme au pouvoir qui s'opiniâtre à
dédaigner l'opinion publique.

Mais enfin, je veux constater un fait, c'est que notre acte d'association est la modération même auprès de la pétition de 1819.

Et cependant cette pétition n'a point été poursuivie par la
branche aînée qui ne devait sa restauration qu'à l'étranger, tandis-
que nous, association populaire, nous , presse patriote , nous sommes attaqués au nom de cette royauté nouvelle qui doit tout aux
barricades, comme si l'on nous redoutait d'autant plus que nous
montrerons plus de modération et de sagesse.

Mais l'attaque est impuissante : il n'y a rien, absolument rien ,
dans l'association dijonnaise, ni dans la publication de son acte
par *le Patriote de la Côte-d'Or*.

Je me trompe : de la part des signataires comme de la part du
Patrioto de la Côte-d'Or, il y a un grand et bel exemple donné à la
France entière ; il y a un acte deraison et de patriotisme éclairé
qui fait honneur à notre pays , et que je suis heureux de défendre ici.

Ce procès n'aura donc aucun résultat.

Je me trompe encore : il aura fourni à un jeune magistrat l'occasion de donner aussi un bon exemple de civisme et d'indépendance, en préférant sa conscience à sa place , son devoir à
son intérêt, et l'estime de ses concitoyens aux faveurs du pouvoir.

Du reste, ce n'est pas le seul trait de courage dont ces lieux
auront conservé le souvenir.

Ici , l'un des présidens du parlement de Bourgogne (car les
parlemens savaient aussi quelquefois résister aux usurpations du
despotisme), le président *Brulard*, refusa d'enregistrer l'odieux
impôt sur les boissons, préférant d'être exilé à *Perpignan* plutôt
que de sacrifier sa conscience et l'intérêt de la province aux faveurs
du despote.

« A genoux ! lui dit le prince après son rappel de l'exil ; deman-

»dez-moi pardon ! — *Dans cette posture*, répondit le fier Bourgui-
»gnon, *je ne demande pardon qu'à Dieu, votre maître comme le mien.*
»— Vous enregistrerez mon impôt? reprit le prince étonné —
»*J'aperçois d'ici les tours de Perpignan*, » fut la réponse du coura-
geux magistrat, dont la reconnaissance de nos pères a transmis le
dévoûment à l'admiration de leur postérité.

Ici encore, dans ces mêmes lieux, en 1816, dans toute la violence des passions politiques, des jurés exclusivement choisis
dans le parti triomphant, des jurés à qui la vengeance demandait
la tête d'un des vétérans de notre gloire militaire, d'un général
aussi chéri du peuple que l'impôt en est détesté, eurent le courage de refuser cette tête aux menaçantes exigences du pouvoir
et de leur parti.

Et vous, jurés de 1833, vous seriez moins indépendans, moins
impartiaux, moins consciencieux, moins dévoués à la justice et à
l'intérêt de vos concitoyens !

Non, non; vous donnerez au gouvernement un salutaire avis,
si toutefois quelqu'avis pouvait être salutaire au pouvoir qu'a-
veugle l'esprit de vertige et d'erreur. Dans tous les cas, vous fe-
rez votre devoir.

Hâtez-vous donc, je ne vous retiens plus; hâtez-vous de revenir,
car vous allez proclamer que l'accusé n'est pas coupable !

Il est deux heures. On croit que le procureur-général ne répli-
quera pas; mais il demande que l'audience soit suspendue jusqu'à
quatre heures.

A quatre heures, la foule est plus grande encore.
Quel spectacle plus imposant, en effet, que celui d'une cour
d'assises, quand l'affaire est d'un grand intérêt !
Nous ne parlons pas du sombre aspect du tribunal, de la pourpre
qui couvre le magistrat, de la présence de la force publique, de
cette masse de spectateurs debouts et découverts, de ce serment
solennel des jurés, de cette pâle lumière éclairant à demi le sanctuaire de la justice; mais, d'un côté, c'est l'accusateur accusant
dans l'intérêt de la société, et plus souvent dans l'intérêt du gouvernement; de l'autre côté, c'est un accusé se défendant, seul
contre la puissance; ici, des jurés pris ou censés pris dans toutes
les classes du peuple, représentant la justice populaire, et pronon-
çant entre l'accusateur et l'accusé; là, des magistrats représentant
la loi; le peuple, qui se presse et qui porte partout ses regards avi-
des, protège l'innocent par sa seule présence, jugeant moralement,
en silence, l'accusateur, les jurés et les juges : c'est souvent de la
vie d'un homme qu'on va décider, ou de sa liberté, ou de son
honneur; quelquefois aussi ce sont les grands intérêts du pays
qui se débattent. Tous les esprits sont attentifs, tous les cœurs

sont agités ; tout est solennel, imposant, en quelque sorte religieux.

A quatre heures, le procureur-général reprend la parole, et n'épargne rien pour faire triompher l'accusation. La réplique du défenseur indiquera suffisamment les objections de son adversaire.

REPLIQUE DE M. CABET.

Je le répète, je ne conçois pas l'accusation ; mais puisqu'on nous appelle encore au combat, nous rentrons dans l'arène.

Quoi ! vous prétendez que les citoyens désignés comme membres du comité n'avaient pas signé l'acte d'association ; que vous n'avez pas connu les signataires, et que vous n'avez pu poursuivre que le *Patriote de la Côte-d'Or !* Et vous invoquez un certificat du directeur des contributions indirectes !

Eh bien ! je vous réponds : les membres du comité étaient signataires ; ils ne se sont jamais cachés ; ils l'ont avoué tout haut ; ils ont communiqué leurs signatures ; tout le monde le savait ; personne, oui, personne ne l'ignorait.

Mais l'objection me fait plaisir ; elle me donne l'occasion de citer un fait oublié : Ecoutez.

Le directeur, effrayé de voir parmi les signataires les noms les plus influens, fait tous ses efforts pour empêcher un propriétaire vigneron de signer, et pour l'engager même à attaquer publiquement l'association. — Mais, lui dit celui-ci, Paul et Pierre ont signé ; je puis bien signer aussi. — Non, reprend le directeur, ils n'ont pas signé ; on vous a trompé. — Dans ce cas, je ne signe pas. — Bien ! signez cette lettre contre l'association, et faites-là publier dans le journal de la préfecture. — Donnez, j'y vais.

Mais il rencontre un ami, et lui confie tout. — Le directeur te trompe, lui dit celui-ci ; ils ont signé ; je vais chercher leurs signatures, et nous irons les montrer au directeur.

Ils vont ensemble : votre directeur, dont vous avez invoqué le certificat, est confondu, et celui qu'il avait trompé donne aussi sa signature.

Les signataires étaient donc connus ; vous n'avez pas osé les poursuivre, et c'est le *Patriote* que vous avez choisi pour victime !

Quelle justice ! et que le temps est bien choisi !

Quand *le Patriote* expose ses théories et ses doctrines, vous ou les vôtres vous leur dites : laissez donc votre métaphysique et vos *utopies ;* arrivez donc à la pratique, à la réalité, aux intérêts matériels ; et quand son rédacteur, aussi modeste que savant, se hasarde à parler d'économie politique, dont il a fait une étude approfondie et sur laquelle il va publier un traité ; quand il insère, dans son journal, l'acte d'association contre les impôts sur les boissons et sur le sel, vous vous hâtez de le poursuivre !

Et pourquoi le poursuivez-vous ? Parce que, dites-vous, il a provoqué au refus de l'impôt !

Mais je vous ai prouvé que l'acte d'association ne parlait que de *pétitions*, de *mémoires*, d'*enquêtes*, etc., et vous me répondez : cette indication n'est pas sérieuse ; c'est de la ruse, c'est un faux passeport ; la véritable *pensée* de l'association, c'est le refus de l'impôt !

Mais quelle est donc cette soif de criminalité ? Qui vous a donné le droit d'ôter de l'acte ce qui s'y trouve, et d'y insérer ce que nous n'avons pas voulu y mettre ? Qui peut vous autoriser à deviner notre pensée ? Qui peut vous donner l'assurance que votre interprétation ou votre suspicion est infaillible ? Et si vous vous trompez !

Quoi ! parce que les pétitions adressées jusqu'aujourd'hui, parce que les plaintes de la presse, parce que quelques émeutes même n'ont pu vaincre l'obstination du gouvernement, vous ne voulez pas que nous pensions qu'une immense association, plus générale et plus vaste que toutes celles qui ont précédé, pourra faire accueillir, enfin, les vœux populaires !

Quoi ! vous ne voulez pas que nous pensions que la seule possibilité du refus d'impôt puisse faire reculer le pouvoir, comme s'il n'avait pas déjà reculé pour les fleurs de lys, pour l'impôt de quotité, pour la loi sur l'état de siége, et pour les bastilles !

A vrai dire, je ne pense pas, moi, qu'il recule : aveuglé, enivré, trahi peut-être, il se précipite tête baissée dans la violence ; poussé par l'esprit de vertige et d'erreur, il veut la guerre avec les jeunes gens, avec les ouvriers, avec les conseils municipaux, avec la garde nationale, avec le jury, avec le barreau même, enfin avec le peuple entier ; la fatalité l'entraîne ; il accomplira sa destinée ; c'est mon opinion, à moi ; et quand je vous entends nous parler de la confiance qu'il faut avoir dans la *sagesse* des chambres et du gouvernement ; quand je vous entends dire que les jurés, après nous avoir condamnés, pourront adresser une requête au roi, avec l'espérance de la voir accueillie, je ne puis m'empêcher de sourire.

Mais pourquoi ne voulez-vous pas que d'autres aient l'espoir et la confiance que vous avez vous-même et que vous tentez d'inspirer ?

Qui peut, d'ailleurs, lire dans l'avenir ? Quand nous avons vu tant de constitutions, tant de lois, tant de gouvernemens, tant de rois, tant de ministres culbutés les uns sur les autres, pouvez-vous bien assurer que, plus tôt ou plus tard, le ministère ne sera pas changé ; que la majorité ne variera pas ; que la chambre ne sera pas dissoute ; que les élections ne seront pas populaires ; en un mot, que l'impôt ne sera pas aboli avant que l'association ait le temps de préparer le refus ?

Bref, sur ce point, je n'ai qu'un mot à vous répondre : l'association dit qu'elle est créée pour obtenir l'abolition de l'impôt ou même son remplacement; vous ne pouvez pas prétendre qu'elle est faite pour organiser le refus de l'impôt; vous ne pouvez pas soutenir qu'elle provoque au refus de l'mpôt ; vous [ne le pouvez pas , c'est impossible.

Mais du reste , le voulez-vous? je vous l'accorde : l'association a pour but d'organiser le refus d'impôt; elle provoque à ce refus.

Hé bien , n'ai-je pas prouvé que le refus d'impôt n'était point un délit, que c'était un droit et le plus précieux des droits du pays, surtout quand il n'y a pas de véritable représentation nationale? N'ai-je pas prouvé, et n'est-il pas plus clair que la lumière , que la prétendue représentation d'aujourd'hui ne représente ni les contribuables ni le peuple ? N'ai-je pas démontré que, quand le refus d'impôt n'est point coupable, la provocation au refus ne peut-être un délit?

Non , non , vous écriez-vous ; la provocation à la désobéissance aux lois est toujours un crime; la doctrine contraire est de l'anarchie, c'est la perturbation de l'ordre social !

Ce sont là de grands mots qui peuvent intimider un moment, mais ce n'est pas la vérité, car, ce sont les mauvaises lois qui sont de l'anarchie et qui troublent la société. Approuveriez-vous, par hasard toutes les lois passées? les auriez-vous toutes respectées et religieusement exécutées? auriez-vous, par exemple, exécuté la loi du *sacrilège*? Ecoutez ce que, lors de la discussion de cette loi, un député, un législateur osait dire publiquement à la tribune :

» Lorsque la loi est *injuste* ou *cruelle* , l'honnête homme cherche ailleurs *la règle de sa conduite :* il la trouve dans sa *conscience.* »

Et qui peut avoir eu cette hardiesse ? un républicain , ou ce qu'on appelle un utopiste, un anarchiste, un révolutionnaire? Inclinez-vous : c'est *Royer-Collard !*

Et il avait raison, parce que les faits sont plus forts que les mots, parce que la nature , la conscience, le sentiment intime de moralité , d'humanité et de justice sont plus puissans que les volontés de l'oppression et de la tyrannie ; parce que, quand une loi est barbare, vous auriez beau la faire imprimer en lettres d'or ou de sang , la publier partout à son de trompe ou de tambour, le peuple ne l'exécutera pas ; et ce n'est pas seulement le peuple qui refusera de lui obéir, c'est la garde nationale , c'est le jury, c'est le barreau, c'est la magistrature, qui tous cependant veulent incontestablement l'ordre et l'obéissance aux lois.

Et, par exemple, demandez à des jurés de déclarer coupable un malheureux qui , pour avoir fabriqué une pièce de dix sous, serait condamné à mort; vous aurez beau lui dire que la loi lui fait un devoir de répondre sur le fait sans considérer la peine ; vous aurez beau invoquer son *serment ;* le juré n'hésitera pas à se parjurer plutôt que d'obéir à une loi qui révolte sa conscience. Par exemple encore, demandez à la garde nationale de faire feu sur de pauvres ouvriers qui s'exposent à tout plutôt que de laisser imposer leur piquette ; vous aurez beau lui rappeler ses devoirs et ses sermens, ou la menacer de votre colère ; elle désobéira, en vous accusant de la forcer à la désobéissance.

Elle vous accusera, vous dis-je, car vous, ou plutôt votre gouvernement, si impitoyable à nous accuser de provocation à la désobéissance à la loi, c'est vous qui provoquez à cette désobéissance, lorsque vous conservez ou vous faites des lois révoltantes ; c'est vous qui provoquez à les méconnaître le jury, la garde nationale, et le peuple, ce peuple si calomnié, ce peuple aussi intéressé que vous à l'ordre, ce peuple qui ne demande qu'à travailler et à vivre honorablement de son travail, ce peuple si confiant, si modeste, si docile, si disposé à respecter la loi.

Oui, c'est le peuple, c'est nous, républicains, qui demandons l'obéissance aux lois : que la souveraineté populaire ne soit pas un mensonge, que la représentation nationale ne soit pas une déception, que la loi soit l'expression de la volonté générale, et alors vous n'aurez pas besoin d'huissiers, de gendarmes et de mouchards ; le nom de la loi suffira : faite par tous et pour tous, la loi ne trouvera qu'obéissance et respect dans la volonté de chaque citoyen.

Encore une fois, c'est nous qui vous accusons de provoquer à la désobéissance aux lois ; et vos ministres sont bien coupables de s'opiniâtrer ainsi à conserver des lois odieuses, au risque de désorganiser la société, de démoraliser le peuple, et d'attirer tous les malheurs sur la patrie.

Et voulez-vous ajouter une preuve nouvelle à mille preuves déjà connues ? Écoutez !

L'esprit de vin ou l'alcool est employé comme moyen ou comme agent dans la chapellerie, dans l'ébénisterie, dans la fabrication du vin et du vinaigre, et dans une foule d'autres industries. Dans tous ces cas, il n'est plus soumis à l'impôt mis par la loi sur les boissons, parcequ'il est dénaturé, parcequ'il n'est plus consommé dans sa qualité d'esprit ou d'eau-de-vie, parcequ'il n'est plus de l'*esprit boisson*, mais seulement de l'*esprit-agent-chimique*; c'est évident, incontestable. Aussi, depuis plus de 15 ans, la loi est-elle interprêtée ainsi par les *circulaires* de la régie, ainsi exécutée par ses commis. Il y a donc pour ainsi-dire *contrat* sur ce point entre l'industrie et la loi, entre les fabricans et le fisc. Sur la foi de ce contrat des industries nouvelles se sont créées, des ateliers dispendieux se sont élevés, des achats considérables d'*esprits* se sont conclus : hier tous ces fabricans croyaient ces esprits affranchis de l'impôt, ne pouvant pas même soupçonner qu'ils allaient-être rétroactivement imposés, et ce matin une circulaire de la régie

vient, comme un coup de tonnerre au milieu d'un ciel pur, leur
apprendre qu'il plaît au fisc d'imposer leurs achats, de les frapper
d'un droit énorme, de paralyser et de ruiner peut-être certaines
industries et certains industriels ! Mais ils n'auraient pas acheté,
ils n'auraient pas établi leurs ateliers ! vous trompez la bonne foi
qui est l'âme du commerce ! vous ruinez des commerçans pour
vous enrichir ! c'est un abus de confiance, c'est un guet-à-pens,
c'est une escroquerie, c'est un vol ! je ne trouve pas assez d'expressions pour le flétrir et le stigmatiser !

Et c'est au milieu de ce procès que la régie vient jeter ce nouveau brandon de discorde, capable de révolter le peuple s'il n'é-
tait pas plus sage que ceux qui l'accusent ! Et vous ne voudriez pas
que je vous accusasse d'être les provocateurs à la désobéissance
aux lois ! Et quand nous nous plaignons chaudement en vous op-
posant des faits, vous osez nous reprocher ce que vous appelez de
vives déclamations !

Déclamations ! Non; mais indignation et chaleur, oui; et je ne
m'en défends pas. Que d'autres conservent leur âme indifférente,
égoïste, et toujours calme; qu'ils soient froids quand il s'agit
d'injustice, de déloyauté, d'oppression, de provocation du pouvoir; libre à eux ! je n'envie pas le bonheur de leur repos ! Mais
pour moi, quand il s'agit de liberté, d'égalité, de moralité, d'humanité; quand il s'agit des droits du peuple et de son ilotisme réel,
de ses intérêts et de ses souffrances, de ce qu'il mérite et de sa misère, je ne puis m'empêcher d'en parler avec chaleur parceque mal-
heureusement pour moi je suis chaleureusement affecté; et loin de le
cacher, loin d'en rougir, je l'avoue hautement et je m'en honore.

Ici, l'émotion de l'auditoire interrompt bruyamment l'orateur.
—Je ferai évacuer la salle, s'écrie le président.

Non, continue le défenseur, les citoyens garderont le silence
que commande la présence de la justice; ils ne me forceront pas
d'attiédir mes paroles et d'énerver la défense.

Ai-je besoin maintenant de répondre à cette objection : votre
association est *politique;* c'est de la *politique* que vous faites et non
de *l'intérêt matériel;* comme si la politique n'avait pas essentielle-
ment pour but la défense et l'amélioration des intérêts matériels !
comme si faire de la politique ce n'était pas faire de l'intérêt matériel ! comme si, par réprocité, faire de l'intérêt matériel ce n'était
pas faire de la politique, et la politique la plus large, la plus pro-
fonde, la plus efficace, la plus redoutable au despotisme et celle
qu'il redoute le plus en réalité

Repousserai-je aussi cette objection que vous croyez accablante:
l'association est composée de *républicains* !

Quoi ! vous l'avouez ! s'intéresser au peuple, défendre sa bourse son domicile, son industrie, sa liberté, sa dignité, c'est être républicain ! vouloir affranchir le propriétaire, le vigneron, le commerçant, l'ouvrier d'un impôt ruineux et révoltant, c'est-être républicain ! Et pourquoi donc refuserions-nous alors d'être républicains? N'est-ce pas la conservation de vos odieux impôts, de vos lois oppressives, de votre système anti-populaire qui fait tous les jours de nouveaux républicains? La circulaire pour imposer les esprits dénaturés ne vient-elle pas d'arracher, à l'un de ceux qui voulaient rester monarchistes, cette réponse qui devrait-être pour vous une frappante leçon : « *hier je n'étais pas républicain ; mais je* » *le suis aujourd'hui, et c'est vous qui m'avez forcé de le devenir.*» Oui, continuez ! avec de la patience, bientôt peut-être ils seront rares ceux qui ne seront pas devenus partisans de la république !

Pardonnez moi, messieurs, la longeur de cette discussion : son importance sera peut-être son excuse ; et d'ailleurs on ne craint pas de s'expliquer longuement quand on n'a rien à dissimuler.

Mais mon rôle est fini, car ici chacun aura joué son rôle, l'accusé comme l'accusateur.

Et nous ne lui ferons pas de reproches pour nous avoir poursuivis : si nous avons la douleur de voir encore la discorde diviser d'anciens amis, nous avons du moins la consolation de constater les progrès de l'esprit public.

Quant à vous, MM. les jurés, les souvenirs de cette enceinte ne manqueront pas de vous inspirer, et vous devrez à l'accusation le précieux avantage d'acquérir un nouveau titre à l'estime de vos concitoyens.

Le procureur-général ajoute quelques mots, auxquels le défenseur répond aussitôt. Puis le président résume les débats, et les jurés se retirent dans leur salle.

Moins d'un quart-d'heure après, ils rentrent, et leur chef, plaçant sa main sur son cœur, « Sur mon honneur et ma conscience, » dit-il solennellement, la déclaration du jury est : *non l'accusé* » *n'est pas coupable.* »

Cette déclaration, assure-t-on, a été décidée à l'unanimité.

Constatons bien ici la nouvelle défaite du pouvoir dans ce procès où, disait-on de toutes parts, les impôts sur les boissons et sur le sel ont été blessés peut-être à mort. Le procureur-général n'a rien négligé pour s'assurer la victoire, récusation de jurés, deux répliques, exagération du danger de l'impunité qu'il a présentée comme question d'*existence pour le gouvernement et pour l'ordre social :* et cependant, là comme partout ailleurs, le jury condamne à l'unanimité l'accusateur.

Constatons bien aussi l'attitude du peuple. Plusieurs fois, dans les débats, l'expression fidèle de ses opinions et de ses sentimens lui avait arraché des manifestations involontaires qu'avaient réprimées les exhortations du défenseur lui-même ; mais quelque joie qu'excite la décision du jury, elle est écoutée dans le plus religieux silence : la foule, qui encombre les rues voisines, s'écoule paisiblement ; et la soirée, que les peureux disaient devoir être troublée par une émeute, se passe dans un calme parfait.

L'autorité cependant ne peut dormir tranquille : le *banquet* annoncé pour le lendemain la tient éveillée et tremblante ; la troupe est consignée dans ses casernes ; des cartouches, dit-on, lui sont distribuées, et les armes sont chargées ; deux bataillons sont appelés d'Auxonne et de Langres, et attendent à Genlis et à Selongey l'ordre de marcher en avant ; et si le préfet, poussé sans doute par les ordres pressans du ministère, ne rencontrait aucune résistance dans la prudence de l'autorité municipale, l'autorisation donnée depuis huit jours pour ce banquet serait *retractée*, au risque d'exposer la ville à tous les malheurs.

Mais le banquet a lieu : c'est dans l'ancienne église de St-Etienne, servant depuis long-temps de halle au blé. Tout y annonce une fête populaire : la garde nationale à l'entrée ; au fond, des trophées d'armes, des guirlandes, des inscriptions, une table élevée pour le défenseur, le président et les nombreuses députations des villes et des départemens voisins, que l'incertitude de la saison et le mauvais temps n'ont pas empêchées d'accourir ; tout autour, des tentures tricolores ; partout des drapeaux ; trois immenses tables dans toute la longueur de la nef ; une tribune au milieu, et vis-à-vis, un orchestre nombreux remplissant cette vaste enceinte de nos airs patriotiques.

Détracteurs de peuple, vous, qui l'accusez d'ingratitude, comme si l'ingratitude n'était pas le privilége des rois, que n'assistiez vous à cette fête, quand *huit cents républicains* accueillirent d'une voix unanime, à son entrée dans la salle, le député-défenseur, qui ce pendant n'avait d'autre titre à leur fraternelle bienveillance que le bonheur d'avoir trouvé une nouvelle occasion de faire son devoir ! Vous, qui ne voulez voir, dans les réunions du peuple, que des foyers de violence et de désordre, que n'étiez-vous témoins du calme et de la dignité qui n'ont cessé de régner dans cette réunion solennelle !

Après de nombreux toasts entrecoupés par une musique patriotique, M. Cabet prend la parole et s'exprime à peu près ainsi :

ALLOCUTION DE M. CABET.

« Honneur aux signataires de l'association dijonnaise contre les deux impôts les plus anti-populaires ! Honneur à ces dignes citoyens qui, comprenant bien la puissance des associations, ont appelé la France entière à s'unir contre des impôts funestes et contre des lois oppressives !

» Honneur aux actionnaires du *Patriote de la Côte-d'Or* qui, comprenant bien aussi la puissance de la presse, n'ont reculé devant aucun sacrifice pour fonder et soutenir un organe des opinions indépendantes et des intérêts du peuple !

» Honneur au rédacteur du journal populaire et républicain qui, comprenant bien encore les nécessités de l'époque, marche d'un pas aussi ferme que sage dans la voie du progrès et des améliorations ! Qu'il continue à remplir hardiment sa noble mission, sûr qu'il doit être d'avoir les sympathies du peuple, l'estime et l'appui des bons citoyens !

» Dévoué comme lui aux intérêts du pays, je ne pouvais qu'accepter, avec autant de bonheur que d'empressement, l'honneur de venir défendre à la fois le *Patriote de la Côte-d'Or*, l'association dijonnaise, les doctrines républicaines et les intérêts populaires ; car si, conséquent à nos principes, je considère tous les fonctionnaires publics comme les mandataires du peuple ; si la charge de représenter ses concitoyens est à mes yeux le plus honorable des mandats, le dévoûment à l'intérêt de ses commettans est aussi le plus impérieux de tous les devoirs.

» Je suis trop fier d'être l'un des députés du département de la Côte-d'Or pour n'être pas toujours prêt à m'associer à vos efforts, et même, s'il en était besoin, à partager vos dangers. Marchons donc ensemble à la conquête de la liberté et de l'égalité, sans craindre ni la proclamation de nos principes ni les calomnies de nos adversaires.

» On croit nous fermer la bouche en nous disant : *l'association est composée de républicains !* Eh ! oui, sans doute ! elle comprend beaucoup de républicains ; et ceux qui ne le sont pas encore le deviendront certainement bientôt ; car les républicains sont les véritables amis du peuple, de l'ouvrier, de l'industrie, de l'agriculture et du commerce ; ce sont eux qui demandent que le *domicile* du citoyen, propriétaire ou travailleur, soit un sanctuaire sacré, impénétrable aux commis du fisc ; que la dignité de l'homme ne soit plus outragée par des visites et des fouilles qui révolteraient même des esclaves ; que l'industrie soit considérée comme une propriété tout aussi respectable au moins que les autres espèces de propriété ; que l'impôt, réduit aux véritables besoins d'une administration économique, ne soit pas doublé dans l'intérêt exclusif de la royauté, de ses ministres, de ses courtisans et d'une foule d'états-majors inutiles ; et que cet impôt, prélevé sur le superflu de l'opulence, n'arrache pas au pauvre le produit de ses sueurs en augmentant sa misère.

» Si, comme on feint de le croire, la république était l'oppression, la violence et l'anarchie, je ne crains pas de le dire, je ne serais pas républicain, et la république n'aurait point de partisans

.....-u Or. Mais, pour nous tous, la république, c'est la justice, c'est l'ordre ; c'est l'application du principe, seul vrai, de la souveraineté du peuple, c'est la réalisation de toutes ses conséquences pour le bonheur de l'humanité.

Que tous les citoyens soient gardes nationaux, électeurs et éligibles ; qu'ils concourent au choix de leurs représentans ; et alors les lois ne seront plus oppressives, les impôts ne seront plus injustes, destructeurs de l'industrie, vexatoires et démoralisateurs ; les lois alors et les impôts, votés par les véritables représentans du peuple, ne trouveront qu'obéissance et respect dans la volonté du peuple.

Soyons donc infatigables et inébranlables dans nos efforts; point de concessions sur les principes! réclamons, luttons sans cesse jusqu'à ce que la raison, la vérité, la justice aient triomphé.

Mais pour assurer leur triomphe, n'oublions jamais que, plus nous sommes véritablement dévoués aux intérêts du peuple, plus nous devons éviter soigneusement tout ce qui peut compromettre ces mêmes intérêts; c'est-à-dire plus nous devons réunir la prudence à l'énergie. Ne fournissons aucun prétexte à nos calomniateurs!

Nos adversaires et nos ennemis s'inquiètent et s'effraient! ramenons, par la sincérité de notre modération, nos anciens amis qui ne sont qu'égarés ; quant à nos ennemis, faisons-les trembler, mais par notre calme, par notre sagesse et par notre union ! »

C'est en effet dans le calme le plus parfait que l'assemblée se sépare, et ce calme n'est pas le moindre service rendu par tous ces citoyens à la cause populaire.

Encore deux affaires comme celle-ci, disait un jeune homme, et je ne réponds pas de ne pas devenir républicain.

FIN.

ASSOCIATIONS CORRESPONDANTES

Le procès avait fait suspendre l'organisation de l'association dans les autres départemens.

Mais nous apprenons qu'on la reprend partout, et qu'elle vient d'être achevée dans beaucoup de villes, notamment à :

Nuits,	Saint-Amand,	Nancy,
Beaune,	Perpignan,	Strasbourg
Arbois,	Le Hâvre,	Paris.

Imprimerie de BACQUENOIS, rue Christine, n° 2, à Paris.

Publications du POPULAIRE.

PROCÈS DU PROPAGATEUR DU PAS-DE-CALAIS, in-8 de 48 pages (2ᵉ édition). Prix : 5 sous.

ARRESTATIONS ILLÉGALES des Crieurs publics, Poursuites contre M. Gisquet et Procès Delente. In-8 de 24 pages. Prix 2 s.

LA RÉPUBLIQUE DU POPULAIRE, in-8 de 20 pages. Prix 2 s.

RÉPONSE D'UN RÉPUBLICAIN aux Calomnies des Pamphlétaires de la police. In-8 de 8 pages. Prix 1 sou.

DIALOGUE entre un Garde national républicain et un Garde national juste-milieu. In-8 de 8 pages. Prix 1 sou.

PROCÈS du républicain VERGERS. In-8 de 8 pages. Prix 1 s.

MOYEN d'améliorer l'état déplorable des Ouvriers. In-8 de 8 pag. Prix 1 sou.

DISCOURS du citoyen RASPAIL prononcé devant la Cour d'assises. In-8 de 16 pages. Prix 2 sous.

LA JUSTICE DU PEUPLE, par le citoyen Demolière. In-8 de 8 p. Prix 2 sous.

LES CAISSES D'ÉPARGNES, par M. Cormenin, in-8 de 8 pag. Prix 1 sou.

LOUIS-PHILIPPE à lui seul fait plus de propagande républicaine que tous les républicains ensemble. In-8 de 4 pages. Prix 1 sou.

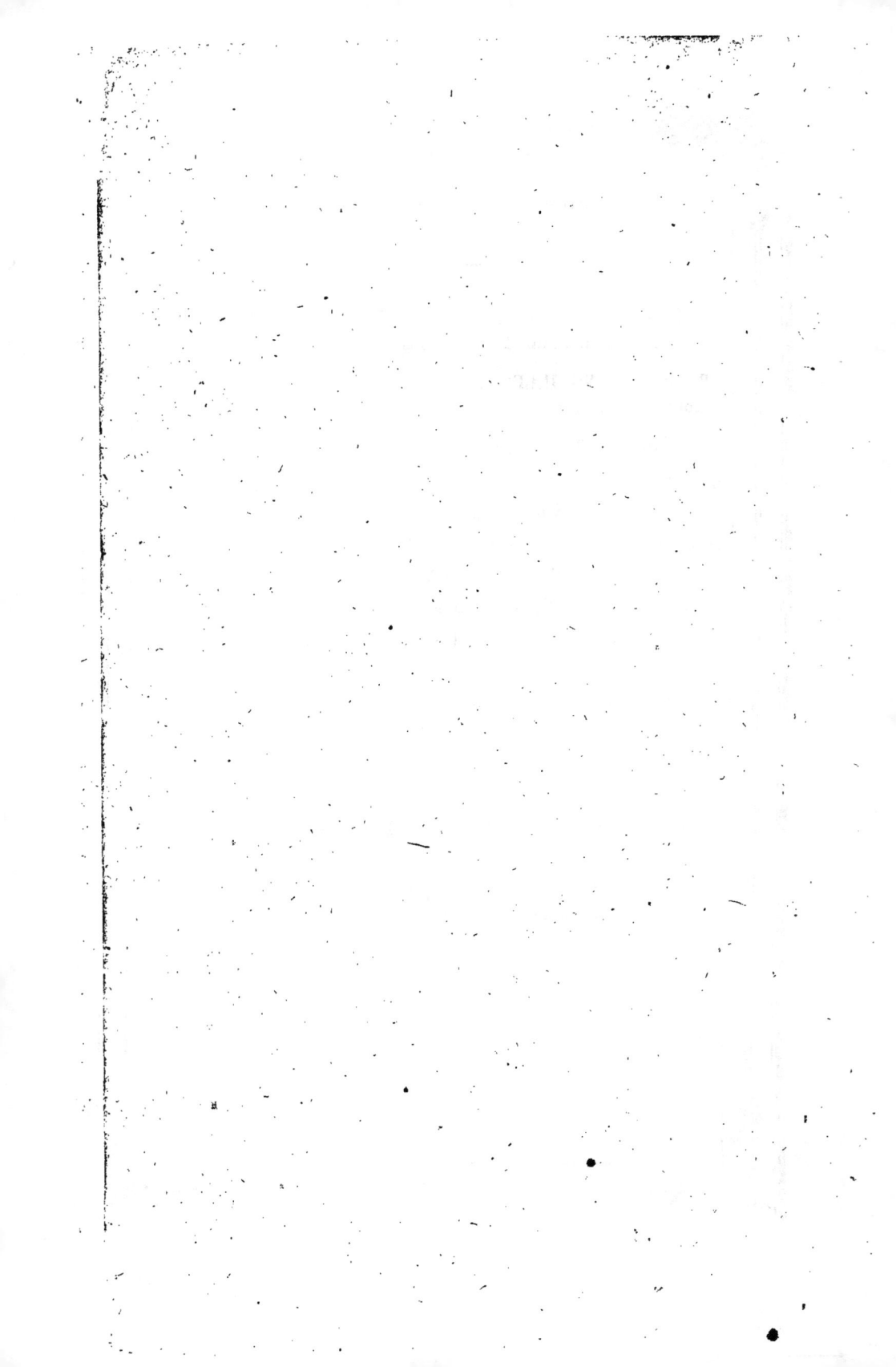

www.ingramcontent.com/pod-product-compliance
Lightning Source LLC
Chambersburg PA
CBHW070751220326
41520CB00053B/3841